Odins Erbe: Nordische Weisheiten und Wikinger Zitate für ein mutiges und ehrenvolles Leben

Inspirierende Sprüche aus dem alten Skandinavien für ein kraftvolles Leben

Sigurd Svart

Inhaltsverzeichnis

Vorwort

Dieses Buch ist eine Sammlung von inspirierenden Zitaten und Sprüchen, die die Essenz der Wikingerkultur einfangen. Es ist in fünf thematische Kapitel unterteilt, die sich auf Mut und Tapferkeit, Weisheit und Wissen, Freundschaft und Loyalität, Gastfreundschaft und Großzügigkeit sowie Leben und Tod konzentrieren. Jedes Kapitel enthält 20 Zitate aus den alten nordischen Texten, begleitet von persönlichen Reflexionen, die aufzeigen, wie diese Weisheiten auch in unserer modernen Welt Anwendung finden können.

Die Wikinger waren ein Volk, das von einer unerschütterlichen Entschlossenheit und einem starken Gemeinschaftsgeist geprägt war. Sie verstanden, dass das Leben eine ständige Herausforderung ist, die Mut und Ausdauer erfordert. Gleichzeitig waren sie sich der Bedeutung von Ehre, Loyalität und Gastfreundschaft bewusst – Tugenden, die in unserer heutigen Gesellschaft oft übersehen werden.

Durch die Erforschung dieser alten Weisheiten können wir die Bedeutung der Tugenden, die einst von den Wikingern hochgehalten wurden, neu entdecken und in unserem eigenen Leben anwenden. Es ist meine Hoffnung, dass dieses Buch Ihnen dabei helfen wird, Ihre eigenen Werte und Überzeugungen zu stärken und ein Leben voller Mut, Weisheit und Loyalität zu führen.

Möge die Weisheit der Wikinger Sie auf Ihrem Lebensweg begleiten und Ihnen Kraft und Inspiration geben, um die Herausforderungen unserer modernen Welt mit Ehre und Entschlossenheit zu meistern.

Mut und Tapferkeit

Mut und Tapferkeit waren für die Wikinger von zentraler Bedeutung. In der rauen Welt des frühen Mittelalters waren diese Eigenschaften entscheidend für das Überleben und den Erfolg im täglichen Leben. Die Wikinger lebten in einer Kriegerkultur, in der Mut im Kampf, Entschlossenheit und die Fähigkeit, Widrigkeiten und Herausforderungen zu überwinden, höchst geschätzt wurden.

Tapferkeit war nicht nur auf den Schlachtfeldern wichtig, sondern auch im Alltag. Mutige Menschen wurden als Vorbilder angesehen, und ihre Taten und Heldentaten wurden oft in Liedern und Geschichten verewigt. Tapferkeit bedeutete für die Wikinger, keine Angst vor dem Tod zu haben und den Glauben an ein ehrenvolles Leben und einen ehrenvollen Tod aufrechtzuerhalten. Sie glaubten, dass diejenigen, die mutig starben, nach Walhalla, dem Kriegerparadies, gelangen würden, um Seite an Seite mit den Göttern zu kämpfen.

Darüber hinaus waren Mut und Tapferkeit auch in zwischenmenschlichen Beziehungen wichtig. Loyalität gegenüber Familie, Freunden und dem eigenen Stamm war für die Wikinger von größter Bedeutung. Sie glaubten, dass man mutig für seine Lieben und seine Gemeinschaft einstehen und sie beschützen sollte, selbst wenn dies persönliche Opfer erforderte.

"BESSER IST ES ZU KÄMPFEN UND ZU FALLEN, ALS EIN LEBEN OHNE HOFFNUNG ZU FÜHREN."

Dieses Zitat erinnert uns daran, dass wir mutig sein und für unsere Überzeugungen kämpfen sollten, auch wenn die Chancen gegen uns stehen.

„DER ADLER SOLLTE NICHT DIE KRÄHEN FÜRCHTEN."

Wir sollten uns nicht von kleineren Problemen oder Ängsten entmutigen lassen und stattdessen den Mut haben, unseren Weg unbeirrt fortzusetzen.

"OHNE MUT GIBT ES KEINEN RUHM."

Um Erfolg und Anerkennung zu erlangen, müssen wir bereit sein, Risiken einzugehen und mutige Entscheidungen zu treffen.

„DER MUTIGSTE IST DER, DER ALLEIN SEINE STELLUNG HÄLT."

Es erfordert besonderen Mut, sich auch dann zu behaupten, wenn man sich isoliert oder allein fühlt.

"DER FEIGE STIRBT SCHON TAUSEND TODE, ABER DER TAPFERE NUR EINMAL."

Wenn wir mutig handeln, brauchen wir nur einmal die Angst vor dem Scheitern oder dem Tod zu überwinden, während der Feige ständig von seinen Ängsten geplagt wird.

"EIN WOLF IN DER FERNE IST BESSER, ALS EIN ZAHNLOSER HUND AN DEINER SEITE."

Es ist besser, auf Distanz mit einer starken und mutigen Person verbunden zu sein, als jemanden in unserer Nähe zu haben, der uns in schwierigen Zeiten nicht unterstützen kann.

"BESSER IST ES, AUFRECHT ZU STERBEN, ALS AUF KNIEN ZU LEBEN."

Wir sollten lieber für unsere Prinzipien einstehen und uns ihnen treu erweisen, als demütig und feige zu handeln.

"EIN HELD IST DER, DER KEIN WEHKLAGEN KENNT, WENN DIE NOT AM GRÖSSTEN IST."

Echte Tapferkeit zeigt sich in der Fähigkeit, in schwierigen Situationen standhaft zu bleiben und keine Schwäche zu zeigen.

"MUT WIRD AM BESTEN IN DER STUNDE DER GEFAHR BEWIESEN."

Wir können unseren wahren Mut erst erkennen, wenn wir vor Herausforderungen und Gefahren stehen.

"WER VOR DEM FEIND FLIEHT, WIRD NOCH EINMAL KÄMPFEN MÜSSEN."

Wenn wir uns unseren Ängsten nicht stellen, werden sie uns wieder einholen, und wir werden gezwungen sein, uns ihnen erneut zu stellen.

"EIN WEISER KRIEGER FÜRCHTET NICHT DEN TOD, ABER ER VERACHTET IHN AUCH NICHT."

Mut bedeutet nicht, den Tod zu suchen, sondern ihn anzunehmen und trotzdem kluge Entscheidungen zu treffen.

"WER SEINEN FEIND FÜRCHTET, GIBT IHM MACHT."

Indem wir uns unseren Ängsten stellen und sie überwinden, nehmen wir ihnen die Macht über uns und stärken unseren eigenen Mut.

"WER WAGT, GEWINNT."

Nur wenn wir den Mut haben, Risiken einzugehen, können wir Erfolg und Belohnungen erzielen.

"EIN MUTIGES HERZ KENNT KEINE FURCHT, SONDERN NUR ENTSCHLOSSENHEIT."

Wenn wir entschlossen und mutig handeln, können wir unsere Ängste überwinden und unsere Ziele erreichen.

"DIE FURCHTLOSEN SIND GLÜCKLICH, DIE FEIGEN LEBEN IN STÄNDIGER QUAL."

Mut befreit uns von den Belastungen der Angst und ermöglicht uns ein glücklicheres Leben.

"BESSER EIN EINÄUGIGER KRIEGER ALS EIN BLINDER."

Selbst wenn wir nicht alle Fähigkeiten oder Stärken haben, die wir uns wünschen, sollten wir den Mut haben, unser Bestes zu geben und für unsere Ziele zu kämpfen.

"EIN GUTER KRIEGER IST WEDER ÜBERMÄSSIG MUTIG NOCH ÜBERMÄSSIG VORSICHTIG."

Wahrer Mut erfordert eine Balance zwischen Furchtlosigkeit und Klugheit, um effektiv und erfolgreich zu handeln.

"DER BAUM, DER IM STURM BRICHT, HAT SEINE WURZELN NICHT TIEF GENUG GESCHLAGEN."

Ein starker und mutiger Charakter entsteht aus tief verwurzelten Überzeugungen und Prinzipien, die uns helfen, Widrigkeiten zu überstehen.

"DIE FLAMME, DIE AM HELLSTEN BRENNT, IST DIE, DIE DEM STURM TROTZT."

Echte Tapferkeit und Entschlossenheit zeigen sich, wenn wir uns den Herausforderungen des Lebens stellen und trotz aller Schwierigkeiten weitermachen.

"DIE TAPFERSTEN SIND DIEJENIGEN, DIE IN DER SCHLACHT LACHEN."

Mut kann auch darin bestehen, trotz der Widrigkeiten Optimismus und Lebensfreude zu bewahren.

Weisheit und Wissen

Weisheit und Wissen waren für die Wikinger von großer Bedeutung. In ihrer Kultur wurde angestrebt, sowohl praktisches als auch philosophisches Wissen zu erlangen, um ein erfülltes und erfolgreiches Leben zu führen. Die Wikinger glaubten, dass Wissen Macht verleiht und dazu beiträgt, ein besseres Verständnis für die Welt um sie herum zu erlangen.

Sie verehrten den Gott Odin, der als Gott der Weisheit, Poesie und Magie galt. Er war bekannt dafür, dass er ein Auge opferte, um unermessliches Wissen zu erlangen. Dies zeigt, dass die Wikinger bereit waren, große Opfer zu bringen, um Wissen und Weisheit zu erlangen.

Weisheit und Wissen wurden in verschiedenen Bereichen des Lebens geschätzt, wie in der Landwirtschaft, der Navigation, dem Krieg, der Diplomatie und der Dichtkunst. Durch das Sammeln von Wissen und das Erlernen von Fertigkeiten konnten sie ihre Fähigkeiten verbessern und ihre Gemeinschaft stärken.

Die Wikinger glaubten auch an die Wichtigkeit von Lebenserfahrung und das Lernen aus Fehlern. Sie waren sich bewusst, dass Weisheit nicht nur durch Bücher oder das Hören von Geschichten erlangt werden kann, sondern auch durch persönliche Erfahrungen und das Überwinden von Herausforderungen.

"EIN WEISER MANN HAT VIEL VERSTAND, ABER DER MENSCH IST VON NATUR AUS NEUGIERIG."

Wir alle haben den natürlichen Drang, Neues zu entdecken und zu lernen, was uns dabei helfen kann, weise zu werden.

"DER UNGEBILDETE MANN DENKT, DASS ALLE, DIE LACHEN, ÜBER IHN LACHEN."

Wissen und Weisheit ermöglichen es uns, selbstsicherer zu sein und nicht ständig das Gefühl zu haben, beurteilt zu werden.

"MÄSSIGUNG IST DIE BESTE TUGEND; WER VIEL WEISS, LEBT AM BESTEN."

Ausgewogenheit und Wissen sind entscheidend für ein erfülltes Leben.

"DER NARR STIRBT AN SORGEN UM SEINE ANGELEGENHEITEN, UND OFT IST DER WEISE ENTTÄUSCHT, WENN ER SICH TÄUSCHEN LÄSST."

Sowohl Narren als auch Weise können scheitern, aber Weisheit hilft uns dabei, bessere Entscheidungen zu treffen und aus unseren Fehlern zu lernen.

"EIN KLUGER MANN HÄLT SICH ZURÜCK, WENN ER NICHT VERSTEHT, DENN NIEMAND IST FREI VON FEHLERN."

Selbst die Weisesten unter uns machen Fehler, aber es ist wichtig, unsere Grenzen zu erkennen und zuzugeben, wenn wir etwas nicht wissen.

"DER WEISE SIEHT SICH NICHT NUR ALS LEHRER, SONDERN AUCH ALS SCHÜLER."

Um weise zu werden, müssen wir bereit sein, von anderen zu lernen und unsere eigenen Kenntnisse ständig zu erweitern.

"DER KLUGE SCHWEIGT, WENN ER WENIG WEISS, UND DER NARR, DER SCHWEIGT, WIRKT KLUG."

Manchmal ist es klüger, zuzuhören und zu lernen, als ständig unsere eigene Meinung zu äußern.

"WISSEN IST EIN SCHATZ, DER SEINEM BESITZER ÜBERALL HIN FOLGT."

Wissen und Weisheit sind wertvolle Güter, die wir überallhin mitnehmen können und die uns in jeder Situation nützlich sein werden.

"WER VIEL REIST, WIRD KLUG UND KENNT DIE SITTEN DER MENSCHEN."

Reisen und das Kennenlernen anderer Kulturen erweitern unseren Horizont und helfen uns, weiser zu werden.

"DER NARR GLAUBT, DASS ER FÜR IMMER LEBEN WIRD, WENN ER KRIEGE VERMEIDET; ABER DAS ALTER GIBT IHM KEINEN FRIEDEN, OBWOHL ER SPEERE MEIDET."

Wissen über die Vergänglichkeit des Lebens hilft uns, mutigere Entscheidungen zu treffen und unsere Zeit auf der Erde besser zu nutzen.

"EIN MENSCH IST DES ANDEREN SPIEGEL."

Indem wir andere beobachten und von ihnen lernen, können wir unser eigenes Wissen und Verständnis erweitern und weiser werden.

"GIB DEINEM FREUND EINEN RAT, ABER GIB IHM AUCH ZWEI GESCHENKE."

Es ist wichtig, anderen nicht nur mit Ratschlägen zu helfen, sondern auch durch Großzügigkeit und Fürsorge.

"WER NICHTS WEISS, WEISS AUCH NICHT, WIE WENIG ER WEISS."

Ein Zeichen von Weisheit ist die Fähigkeit, das eigene Unwissen zu erkennen und den Wunsch zu haben, mehr zu lernen.

"EIN KLUGER MANN BLEIBT WACHSAM UND LERNT VON ALLEM, WAS IHN UMGIBT."

Indem wir aufmerksam sind und ständig beobachten, können wir unser Wissen erweitern und weiser werden.

"DIE WELT IST EIN BUCH, UND WER NICHT REIST, LIEST NUR EINE SEITE."

Umfassendes Wissen und Weisheit erlangen wir durch das Erkunden verschiedener Lebensbereiche und das Sammeln von vielfältigen Erfahrungen.

"EIN SCHLECHTER BAUM TRÄGT KEINE GUTEN FRÜCHTE, ABER EIN GUTER BAUM WIRD DURCH WEISEN RAT GENÄHRT."

Weisheit und Wissen sind entscheidend für ein erfolgreiches Leben, und sie können uns helfen, zu gedeihen und anderen Menschen zu helfen.

"BESSER EIN HAUS, AUCH WENN ES KLEIN IST; EIN MENSCH IST HERR IN SEINEM HEIM."

Weisheit bedeutet auch, den Wert von Unabhängigkeit und Selbstbestimmung zu erkennen und diesen zu schätzen.

"DER NARR SIEHT SEIN UNGLÜCK ALS SCHICKSAL AN, WÄHREND DER WEISE ES ALS GELEGENHEIT BETRACHTET."

Weisheit hilft uns, Rückschläge und Schwierigkeiten als Chancen zu betrachten, um zu lernen und zu wachsen.

"EIN WEISER MANN WEISS, DASS SCHWEIGEN GOLD IST UND REDEN SILBER."

Manchmal ist es weiser, zuzuhören und nachzudenken, als voreilig unsere Meinung zu äußern.

"WORTE KÖNNEN FREUNDE ODER FEINDE MACHEN; DESHALB SOLLTE MAN SPARSAM DAMIT UMGEHEN."

Weisheit zeigt sich auch darin, wie wir unsere Worte wählen und wie wir sie einsetzen, um Beziehungen aufzubauen oder Konflikte zu vermeiden.

Freundschaft und Loyalität

Für die Wikinger waren Freundschaft und Loyalität von großer Bedeutung. In einer rauen und oft feindlichen Umgebung war das Überleben und das Wohlergehen der Gemeinschaft auf die Zusammenarbeit und die Unterstützung der einzelnen Mitglieder angewiesen. Starke und verlässliche Beziehungen zwischen Kriegern, Familien und Clans bildeten das Fundament der Wikingerkultur.

Freundschaften wurden hoch geschätzt und basierten auf gegenseitigem Vertrauen, Respekt und Zusammenhalt. Die Wikinger glaubten, dass wahre Freunde in schwierigen Zeiten zusammenhalten und einander sowohl in guten als auch in schlechten Zeiten unterstützen sollten. Loyalität war eine wichtige Tugend, die sowohl in persönlichen Beziehungen als auch in der Treue gegenüber dem eigenen Clan und Anführer zum Ausdruck kam.

Die Wahrung von Ehre und der Schutz der eigenen Familie und Freunde waren zentrale Werte in der Wikingerkultur. Verrat und Illoyalität wurden als schwerwiegende Vergehen angesehen, die sowohl den Ruf als auch das Wohlergehen der Gemeinschaft beeinträchtigen konnten.

"EIN WAHRER FREUND IST JEMAND, DER DIR IN DER NOT BEISTEHT."

Echte Freundschaft zeigt sich in schwierigen Zeiten und erfordert, dass wir füreinander da sind, wenn wir am meisten gebraucht werden.

"ES GIBT NICHTS KOSTBARERES ALS VERTRAUEN UND GEGENSEITIGE ACHTUNG ZWISCHEN ZWEI MENSCHEN."

Vertrauen und Respekt sind die Grundlagen starker Freundschaften und Beziehungen.

"GIB DEINEM FREUND EINEN RAT UND SEI INHM EIN TREUER FREUND."

Um loyal zu sein, sollten wir bereit sein, unseren Freunden unsere Weisheit und Unterstützung anzubieten.

"FREUNDE SOLLTEN EINANDER FREUDE BEREITEN UND STETS GEGENSEITIGE HILFE LEISTEN."

Freundschaft bedeutet, einander glücklich zu machen und sich in jeder Situation gegenseitig zu unterstützen.

"DER WEISE FREUND IST EINER, DER EHRLICH IST UND DIR DIE WAHRHEIT SAGT, AUCH WENN ES WEH TUT."

Wahre Freundschaft erfordert Ehrlichkeit, auch wenn die Wahrheit unangenehm ist.

"EIN FREUND IST JEMAND, DER DIR DIE SCHULTER ZUM ANLEHNEN BIETET, WENN DU MÜDE BIST."

Freunde sind da, um uns Trost und Unterstützung zu bieten, wenn wir sie am meisten benötigen.

"EIN TREUER FREUND IST EIN WERTVOLLER BESITZ, DEN MAN NICHT MIT GOLD AUFWIEGEN KANN."

Loyalität und Vertrauen in einer Freundschaft sind unbezahlbar und sollten hoch geschätzt werden.

"VERTRAUE NICHT DEM RAT EINES MANNES, DESSEN HERZ NICHT MIT DEINEM IM EINKLANG IST."

Wahre Freunde teilen gemeinsame Werte und Ziele und sind bereit, einander auf ihrem Lebensweg zu unterstützen.

"EIN GUTER FREUND IST WIE EIN WARMER MANTEL, DER DICH VOR KÄLTE SCHÜTZT."

Freundschaft bietet Schutz und Sicherheit in einer oft unsicheren Welt.

"EIN BRUDER KANN VON EINEM BRUDER GETRENNT WERDEN, ABER FREUNDSCHAFT BLEIBT BESTEHEN."

Freundschaften können manchmal stärker sein als familiäre Bindungen und ein Leben lang halten.

"FREUNDE DIE EINANDER VERTRAUEN, SIND WIE BRÜDER, DIE SEITE AN SEITE KÄMPFEN."

Vertrauen und Loyalität verwandeln Freunde in Verbündete, die gemeinsam schwierige Zeiten bewältigen können.

"EIN FREUND IST JEMAND, DER DICH ERMUTIGT UND DIR HILFT, DEINE TRÄUME ZU VERWIRKLICHEN."

Wahre Freunde unterstützen einander bei der Verwirklichung ihrer Ziele und Ambitionen.

"WENN DU EINEN GUTEN FREUND FINDEST, HALTE IHN FEST UND LASS IHN NICHT LOS."

Gute Freunde sind selten und kostbar, und es ist wichtig, solche Beziehungen zu pflegen und zu schätzen.

"MAN SOLL SEINEM FREUND IN ALLEN DINGEN TREU SEIN, ABER AUCH DEM FREUND DEINES FREUNDES."

Loyalität in der Freundschaft erstreckt sich auch auf die Freunde unserer Freunde, was ein starkes Netzwerk des Vertrauens schafft.

"EIN TREUER FREUND IST WIE EIN FESTER ANKER, DER DEIN SCHIFF IN STÜRMISCHEN GEWÄSSERN HÄLT."

Loyalität und Verlässlichkeit sind entscheidend, um Halt und Sicherheit in schwierigen Zeiten zu bieten.

"EIN WEISER FREUND WIRD DEINE FEHLER NICHT BLOSSTELLEN, SONDERN DIR HELFEN, SIE ZU KORRIGIEREN."

Wahre Freunde helfen uns, uns zu verbessern und unsere Schwächen zu überwinden, anstatt uns für sie zu verurteilen.

"BEWAHRE DIR DAS HERZ EINES FREUNDES, DENN ES IST EIN SCHATZ, DER NIEMALS SEINEN WERT VERLIERT."

Die Liebe und Loyalität eines wahren Freundes sind unbezahlbar und sollten sorgfältig bewahrt werden.

"EIN FREUND IST JEMAND, DER IN DUNKLEN ZEITEN LICHT BRINGT UND HOFFNUNG, WENN ALLES VERLOREN SCHEINT."

Freunde sind da, um uns in schwierigen Zeiten Hoffnung und Optimismus zu geben.

"FREUNDSCHAFT IST WIE EIN BAUM; SIE WÄCHST LANGSAM, ABER IHRE WURZELN SIND TIEF UND FEST VERANKERT."

Wahre Freundschaften entwickeln sich im Laufe der Zeit und werden durch gemeinsame Erfahrungen und tiefe Verbundenheit gestärkt.

"WENN DU EINEN FREUND BESUCHST, GEH NICHT MIT LEEREN HÄNDEN, DENN GESCHENKE STÄRKEN DIE BANDE DER FREUNDSCHAFT."

Großzügigkeit und gegenseitige Wertschätzung sind wichtige Aspekte, um Freundschaften aufzubauen und zu pflegen.

Gastfreundschaft und Großzügigkeit

Gastfreundschaft und Großzügigkeit waren für die Wikinger von großer Bedeutung. In einer Zeit, in der Reisen beschwerlich und gefährlich sein konnten, war es wichtig, in der Lage zu sein, auf die Freundlichkeit und Unterstützung anderer zu zählen. Gastfreundschaft war ein wesentlicher Teil der Wikingerkultur und ein Zeichen für gute Manieren und Respekt gegenüber Fremden und Freunden gleichermaßen.

Die Wikinger betrachteten Gastfreundschaft als eine Pflicht und Ehrensache. Es war üblich, Gäste mit offenen Armen aufzunehmen, ihnen Unterkunft, Nahrung und Schutz zu gewähren. Diese Großzügigkeit half, gute Beziehungen zwischen verschiedenen Clans und Gemeinschaften aufrechtzuerhalten und konnte auch dabei helfen, Konflikte und Feindschaften zu vermeiden oder zu lösen.

Großzügigkeit war ebenfalls ein wichtiges Element der Wikingerkultur. Die Fähigkeit, Ressourcen und Wohlstand mit anderen zu teilen, galt als Zeichen von Stärke und Ansehen. Gleichzeitig wurde geiziges Verhalten verachtet und als Schwäche betrachtet. Durch Großzügigkeit konnten die Wikinger soziale Bindungen stärken und ihren Status innerhalb der Gemeinschaft festigen.

"EIN GROSSZÜGIGER MENSCH GEWINNT VIELE FREUNDE, DENN WER GIBT, ERHÄLT AUCH."

Großzügigkeit zieht positive Beziehungen an und fördert eine Kultur des Gebens und Empfangens.

"SEI DEINEM GAST GEGENÜBER FREUNDLICH UND AUFMERKSAM, DENN EINES TAGES KÖNNTEST DU SELBER EIN FREMDER SEIN."

Gastfreundschaft sollte jedem gewährt werden, denn wir können alle in Situationen geraten, in denen wir auf die Freundlichkeit anderer angewiesen sind.

"DER, DER GROSSZÜGIG GIBT, WIRD REICH AN FREUNDEN UND GUTEM RUF SEIN."

Großzügigkeit kann zu sozialen Verbindungen und Anerkennung führen, die wertvoller sind als materielle Güter.

"EIN GUTER GASTGEBER ZEIGT RESPEKT UND FÜRSORGE FÜR SEINE GÄSTE."

Gastfreundschaft bedeutet, für das Wohlergehen derjenigen zu sorgen, die wir willkommen heißen.

"WENN EIN GAST KOMMT, REICHE IHM DIE HAND UND SEI EIN GUTER GASTGEBER."

Gastfreundschaft sollte von Herzen kommen und als Chance gesehen werden, neue Freundschaften und Verbindungen zu knüpfen.

„EINE WARME MAHLZEIT, EIN FREUNDLICHES WORT UND EIN PLATZ ZUM SCHLAFEN SIND DIE BESTEN GESCHENKE, DIE MAN EINEM REISENDEN GEBEN KANN."

Einfache Gesten der Gastfreundschaft können einen großen Unterschied für jemanden machen, der fern von zu Hause ist.

"GROSSZÜGIGKEIT IST EIN ZEICHEN VON STÄRKE UND GRÖSSE DES GEISTES."

Großzügigkeit zeigt, dass wir die Bedürfnisse anderer wahrnehmen und bereit sind, sie zu unterstützen.

"DER BESTE GASTGEBER IST DERJENIGE, DER SEINE GÄSTE RESPEKTIERT UND IHRE BEDÜRFNISSE ERKENNT."

Gastfreundschaft erfordert Empathie und die Fähigkeit, die Bedürfnisse und Wünsche unserer Gäste zu verstehen.

"EIN MANN, DER VIEL GIBT, WIRD SELTEN UM HILFE BITTEN MÜSSEN, DENN SEINE GROSSZÜGIGKEIT KOMMT ZU IHM ZURÜCK."

Wenn wir großzügig sind, bauen wir Beziehungen auf, die uns im Bedarfsfall unterstützen können.

"GASTFREUNDSCHAFT IST EINE TUGEND, DIE IN ALLEN KULTUREN UND ZEITEN GESCHÄTZT WIRD."

Gastfreundschaft ist ein universeller Wert, der Menschen auf der ganzen Welt verbindet.

"WENN DU EIN GESCHENK ERHÄLTST, SEI BEREIT, EINES ZU GEBEN, DENN GROSSZÜGIGKEIT ERZEUGT GROSSZÜGIGKEIT."

Großzügigkeit ist ein zyklischer Prozess, der sich fortsetzt, wenn wir bereit sind, das, was wir erhalten, weiterzugeben.

"WER REICHLICH GIBT, WIRD REICH AN ANERKENNUNG UND DANKBARKEIT SEIN."

Großzügigkeit erntet Dankbarkeit und Wertschätzung von denen, denen wir helfen.

"EIN GUTER GASTGEBER IST JEMAND, DER SEINEN GÄSTEN DAS GEFÜHL GIBT, ZU HAUSE ZU SEIN, AUCH WENN SIE WEIT ENTFERNT SIND."

Wahre Gastfreundschaft bedeutet, ein Gefühl der Zugehörigkeit und des Wohlbefindens zu schaffen, unabhängig von den Umständen.

"GROSSZÜGIGKEIT KOMMT VON HERZEN UND ZEIGT, DASS WIR UNS UM DAS WOHLERGEHEN ANDERER KÜMMERN."

Großzügigkeit ist ein Ausdruck von Mitgefühl und Fürsorge für unsere Mitmenschen.

"WER SEINE GÄSTE EHRT, EHRT SICH SELBST UND GEWINNT EHRE VON ANDEREN."

Gastfreundschaft und Respekt für unsere Gäste führen zu Anerkennung und Wertschätzung in unserer Gemeinschaft.

"WENN DU JEMANDEM GUTES TUST, WIRD ES EINES TAGES ZU DIR ZURÜCKKEHREN."

Großzügigkeit und Freundlichkeit können eine Kettenreaktion der positiven Handlungen auslösen, die sich auf uns und andere auswirken.

"EIN GUTER GASTGEBER SORGT DAFÜR, DASS SEINE GÄSTE IMMER GENUG ZU ESSEN, ZU TRINKEN UND EIN DACH ÜBER DEM KOPF HABEN."

Gastfreundschaft bedeutet, die Grundbedürfnisse unserer Gäste zu erfüllen und für ihr Wohlergehen zu sorgen.

"DAS TEILEN UNSERER RESSOURCEN UND UNSERES WOHLSTANDS IST EIN ZEICHEN VON WEISHEIT UND MITGEFÜHL."

Großzügigkeit zeigt, dass wir uns der Bedürfnisse anderer bewusst sind und bereit sind, zu helfen.

"EIN GUTER GASTGEBER IST EIN GUTER ZUHÖRER, DER DIE GESCHICHTEN UND WEISHEITEN SEINER GÄSTE SCHÄTZT."

Gastfreundschaft bedeutet auch, offen für die Erfahrungen und Perspektiven unserer Gäste zu sein und ihre Weisheit wertzuschätzen.

"EIN GASTFREUNDLICHES ZUHAUSE IST EIN SICHERER HAFEN FÜR FREUNDE UND FREMDE GLEICHERMASSEN."

Ein gastfreundlicher Ort bietet Schutz und Komfort für alle, die dort Zuflucht suchen.

Leben und Tod

Für die Wikinger waren Leben und Tod untrennbar miteinander verbunden und Teil des natürlichen Kreislaufs der Existenz. Sie hatten eine tiefe Achtung vor dem Leben und seinen Herausforderungen, wobei Mut, Tapferkeit und Ehre als wesentliche Tugenden angesehen wurden. Die Wikinger glaubten, dass ein ehrenvolles Leben dazu führen würde, dass sie im Jenseits in den Hallen der Götter, wie Walhalla, aufgenommen werden, wo sie an der Seite der Götter kämpfen und feiern würden.

Der Tod war für die Wikinger nicht das Ende, sondern vielmehr ein Übergang in eine andere Existenz. Sie glaubten, dass der Geist eines Verstorbenen nach dem Tod weiterleben würde, entweder in den himmlischen Hallen oder in einem anderen Reich, abhängig von den Taten und dem Lebensweg des Individuums.

Für die Wikinger war der Tod oft mit Tapferkeit und Ehre verbunden, insbesondere für Krieger, die im Kampf fielen. Sie sahen den Tod nicht als etwas, wovor man sich fürchten sollte, sondern als eine Gelegenheit, sich in der Schlacht zu beweisen und einen ehrenvollen Platz im Jenseits zu erreichen.

"DER MENSCH IST VERGÄNGLICH WIE EIN LAUB, DAS BALD VOM BAUM FÄLLT UND VERGEHT."

Unser Leben ist vergänglich, und wir sollten jeden Moment schätzen, den wir haben.

"FÜRCHTE NICHT DEN TOD, DENN ER IST DER WEG ZU DEN GÖTTERN."

Der Tod ist ein natürlicher Teil des Lebens und sollte nicht gefürchtet, sondern als Übergang in eine andere Existenz betrachtet werden.

"EIN KRIGER STIRBT NUR EINMAL, ABER SEIN RUHM LEBT EWIG."

Die Taten und der Einfluss, die wir in unserem Leben hinterlassen, können über unseren Tod hinaus fortbestehen.

"DAS LEBEN IST ZU KURZ, ALSO LEBE MIT MUT UND EHRE."

Wir sollten das Leben in vollen Zügen genießen und uns bemühen, ehrenhaft und mutig zu handeln.

"DER TOD IST DAS TOR ZU EINER NEUEN WELT, DIE DEN MUTIGEN UND EHRENHAFTEN VORBEHALTEN IST."

Der Tod kann als Übergang in eine andere Existenz gesehen werden, die von den Tugenden, die wir im Leben zeigen, bestimmt wird.

"JEDER TAG IST EIN GESCHENK DER GÖTTER, ALSO VERSCHWENDE ES NICHT."

Wir sollten das Leben als kostbares Geschenk betrachten und jeden Tag nutzen, um etwas Positives zu bewirken.

"DER TOD IST UNVERMEIDLICH, ALSO LEBE JEDEN TAG SO, ALS WÄRE ES DEIN LETZTER."

Das Wissen um die Unvermeidlichkeit des Todes sollte uns dazu inspirieren, jeden Tag bewusst und mit vollem Einsatz zu leben.

"LEBE MIT EHRE, DAMIT DU IM TOD OHNE REUE BIST."

Wenn wir im Leben ehrenhaft handeln, können wir dem Tod ohne Angst oder Bedauern begegnen.

"DAS LEBEN IST EIN KAMPF, ABER DER TOD IST DIE LETZTE PRÜFUNG DER TAPFERKEIT."

Der Tod ist eine natürliche und unausweichliche Herausforderung, der wir alle begegnen müssen.

"EIN GUT GELEBTES LEBEN IST DAS BESTE DENKMAL FÜR DIE TOTEN."

Indem wir unser Leben gut leben, ehren wir das Andenken derer, die vor uns gegangen sind.

"WIR SIND ALLE DEM TOD GEWEIHT, ALSO SOLLTEN WIR DAS LEBEN FEIERN UND IHN NICHT FÜRCHTEN."

Anstatt uns vor dem Tod zu fürchten, sollten wir das Leben feiern und die Zeit, die uns gegeben ist, nutzen.

"DER TOD KANN JEDEN MOMENT KOMMEN, ALSO SEI BEREIT, MUTIG UND ENTSCHLOSSEN ZU HANDELN."

Wir wissen nie, wann der Tod uns ereilen wird, daher sollten wir stets bereit sein, mutig und entschlossen zu handeln.

"EIN KRIEGER FÜRCHTET NICHT DEN TOD, SONDERN DIE SCHANDE EINES SCHLECHT GELEBTEN LEBENS."

Die Furcht vor einem unehrenhaften Leben sollte uns motivieren, immer nach unseren höchsten Idealen zu streben.

"DIE GÖTTER RICHTEN NICHT ÜBER DIE LÄNGE EINES LEBENS, SONDERN ÜBER DIE QUALITÄT."

Es ist nicht die Dauer unseres Lebens, die zählt, sondern wie wir unser Leben führen und welche Auswirkungen unsere Handlungen haben.

"EIN LEBEN VOLLER HELDENTATEN ENDET IN DEN HALLEN DER GÖTTER."

Wenn wir mutig und ehrenhaft handeln, können wir darauf hoffen, einen Platz in den höheren Reichen der Existenz zu erreichen.

"DER TOD IST KEIN ENDE, SONDERN EIN NEUER ANFANG."

Der Tod ist nicht das Ende unserer Existenz, sondern ein Übergang in eine andere Form des Seins.

"DIE ERINNERUNG AN DIE TOTEN LEBT IN DEN HERZEN DER LEBENDEN FORT."

Wir tragen die Erinnerung an die Verstorbenen in unseren Herzen weiter und ehren ihr Andenken durch unsere eigenen Taten.

"EIN MUTIGES HERZ KENNT KEINE FURCHT VOR DEM TOD, DENN ES WEISS, DASS ES NUR DER ANFANG EINER NEUEN REISE IST."

Mit einem mutigen Herzen können wir den Tod als einen natürlichen Übergang und den Beginn eines neuen Abenteuers betrachten.

"DER TOD IST UNVERMEIDLICH, ALSO LEBE DEIN LEBEN MIT WÜRDE UND EHRE, DAMIT DU OHNE BEDAUERN GEHST."

Wenn wir unser Leben mit Würde und Ehre führen, können wir dem Tod ohne Bedauern begegnen.

"DAS LEBEN IST EIN GESCHENK, DAS MIT DER ZEIT ABGENUTZT WIRD. NUTZE ES WEISE, BEVOR ES VERGEHT."

Das Leben ist kostbar und flüchtig, daher sollten wir es nutzen, um Bedeutung und Erfüllung zu finden.

Abschließende Worte

Wir sind nun am Ende unserer Reise durch die Weisheiten der Wikinger angekommen. Diese alten nordischen Zitate und Sprüche haben uns auf einen Pfad der Reflexion und des persönlichen Wachstums geführt, der uns dazu ermutigt, ein Leben voller Mut, Loyalität und Ehre zu führen.

In unserer modernen Welt, die oft von Schnelllebigkeit, Konsum und Oberflächlichkeit geprägt ist, können die Lehren der Wikinger uns helfen, innezuhalten und über die Werte und Tugenden nachzudenken, die unser Leben leiten sollten. Die Wikinger verstanden, dass wahre Stärke und Erfüllung nicht in materiellem Reichtum oder Ruhm liegen, sondern in der Fähigkeit, sich den Herausforderungen des Lebens mit Entschlossenheit und Weisheit zu stellen.

Mögen die in diesem Buch präsentierten nordischen Lebensweisheiten Sie dazu inspirieren, Ihre eigenen Werte und Überzeugungen zu stärken und ein Leben zu führen, das von Mut, Weisheit und Loyalität geprägt ist. Lassen Sie diese alten Weisheiten als Leitfaden für Ihr Handeln dienen, und denken Sie daran, dass die Essenz der Wikingerkultur in der Achtung vor dem Leben und der Anerkennung der Stärke, die in jedem von uns ruht, liegt.

Gehen Sie in die Welt hinaus und tragen Sie die Lehren der Wikinger in Ihrem Herzen. Lassen Sie sich von ihrer Entschlossenheit, ihrem Gemeinschaftsgeist und ihrem Mut inspirieren und erinnern Sie sich daran, dass auch in unserer heutigen Welt die Tugenden der Gastfreundschaft, Großzügigkeit und Loyalität von größter Bedeutung sind.

Mögen die Worte der Wikinger Sie auf Ihrem Lebensweg begleiten und Ihnen die Kraft geben, die Herausforderungen des Lebens mit Anmut, Weisheit und Entschlossenheit zu meistern. Auf dass Sie stets den Pfad der Ehre beschreiten und die Flamme der nordischen Weisheit in Ihrem Herzen brennen lassen.

Skål!

1.Auflage

Kontakt: Belinda Derflinger, Auergütlweg 10, 4030 Linz, Österreich
Kontaktaufnahme: rbmpublishing@gmx.at

Printed in Germany
by Amazon Distribution
GmbH, Leipzig

30716521R00077